PRESTA ATENCIÓN A LOS MONSTRUOS

escrito por LAUREN STOCKLY

ilustrado por ELLEN SURREY

traducido por NATASHA PROSPERI

BUMBLE

Ezzy era un niño aventurero con una imaginación activa y sentimientos tan poderosos que parecían monstruos. Ezzy le pidió a ciertos sentimientos, como Felicidad y Calma, que vinieran y se quedaran todo el tiempo que quisieran, pero les dijo a otros, como Ira, Preocupación, Tristeza y Miedo, que SE MANTUVIESEN AFUERA.

Para Ezzy, esos sentimientos incómodos eran monstruos feos, inútiles, apestosos y aterradores. Cada vez que aparecían, Calma no se encontraba por ningún lado. Cuando los monstruos acechaban cerca, el cuerpo de Ezzy comenzaba a sentir un hormigueo. En poco tiempo, pensamientos y recuerdos desagradables comenzaban a zumbar en la mente de Ezzy.

Ezzy estaba ocupado preparándose para una gran prueba cuando Preocupación apareció por detrás. Ezzy trató de contener a Preocupación, pero Preocupación apareció y creció hasta que Ezzy ya no pudo controlarlo. Ezzy se distrajo tanto que fue imposible concentrarse en la prueba.

Para Ezzy solía ser fácil defenderse de Ira. Pero últimamente, Ira estaba presente todo el tiempo. Cuando Ira apareció, Ezzy hirvió por dentro y estalló de rabia. Con los puños cerrados y una cara roja brillante, Ezzy gritó y pisoteó.

Ezzy extrañaba a alguien especial y le dolía demasiado pensar en ello, así que Ezzy puso una sonrisa falsa y fingió que Tristeza era Felicidad y todo estaba bien.

Ezzy trató de no concentrarse en Tristeza, pero Tristeza simplemente no dejaba de molestar. Pronto, Ezzy se dio cuenta de que esforzarse tanto por ignorar a Tristeza hacía que fuera difícil notar a Felicidad. Sin ninguna de los dos sentimientos, las cosas que alguna vez disfrutó Ezzy ya no eran tan divertidas.

Cuando la mamá de Ezzy fue a la tienda, le aseguró a Ezzy que volvería enseguida. Pero tan pronto como se fue, Miedo llegó junto con Preocupación muy de cerca.

Ezzy pensó que fingir que no estaban allí y pensar en todo tipo de cosas divertidas podría hacer que se fueran. Ayudó un poco, pero apenas las distracciones terminaron, los monstruos reaparecieron y trajeron enjambres de pensamientos desagradables.

Por la noche, era difícil conciliar el sueño y los sueños malos dejaban a Ezzy con las manos sudorosas y el corazón palpitante. Luchar contra todos los monstruos estaba agotando a Ezzy.

Entonces, un día, todos los sentimientos incómodos de Ezzy surgieron a la vez. Evitar los sentimientos solo los había hecho más fuertes, y ahora todos estaban mezclados, formando el monstruo más feo, pegajoso y apestoso que Ezzy podía imaginar.

Ezzy podía ver partes de Miedo, Ira y todos los demás monstruos en el asqueroso lodo. Encontrarlos a todos fue abrumador. Se sintió como si se estuviese hundiendo en arena movediza.

Finalmente, Ezzy corrió hacia su mamá y le contó todo sobre los monstruos. Su mamá le dio un abrazo a Ezzy y le dijo: "Parece que esos monstruos son todas las cosas que has estado guardando últimamente. Pueden parecer atemorizantes, pero solo están tratando de obtener ayuda." "¿Quieres decir que no son peligrosos?,"preguntó Ezzy. "No te harán daño," dijo su mamá. "Cada uno está ahí por una razón. Si les prestas mucha atención y los cuidas, te ayudarán a comprender lo que tu mente y tu cuerpo necesitan."

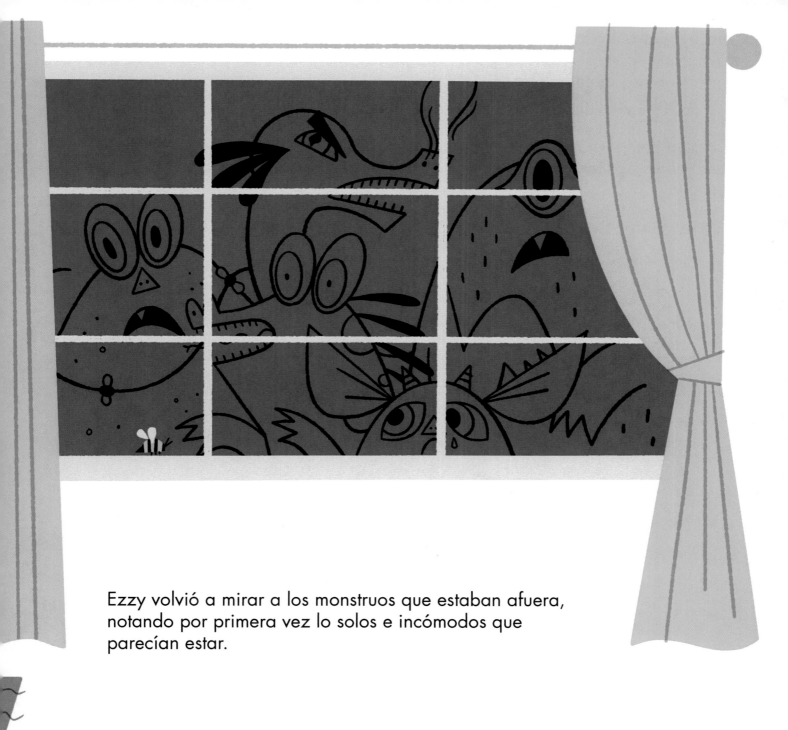

Ezzy volvió a mirar a los monstruos que estaban afuera, notando por primera vez lo solos e incómodos que parecían estar.

Para ayudar a cuidar de los monstruos, su mamá le enseñó a Ezzy sobre la atención plena, lo que significa prestar atención a tus pensamientos y sentimientos y aceptarlos con amabilidad. ¿Podría Ezzy aceptar sentimientos tan incómodos?

Su mamá compartió formas para que Ezzy practicara la atención plena, como concentrarse en cada sentido y estar presente en el momento.

Presta mucha atención a esta página y usa tus sentidos para nombrar 5 de los detalles más pequeños.

Ezzy también trató de inhalar y exhalar profundamente, permitiendo que cada pensamiento y sentimiento fluyera. Con Calma al lado de Ezzy, era más fácil dejar de luchar contra los monstruos y dejar que se acercaran un poco más.

A Ezzy le gustaba imaginarse un lugar seguro y tranquilo y hacer un "abrazo de mariposa." Con los brazos cruzados, Ezzy tocaba cada hombro uno a la vez, de un lado a otro a un ritmo.

Ezzy aprendió que cuidar a su cuerpo comiendo alimentos saludables, haciendo ejercicio y durmiendo lo suficiente también le ayuda a cuidar sus sentimientos.

Ezzy nunca se había dado cuenta de cómo las emociones hacen que diferentes partes del cuerpo se sientan de cierta manera. Pero después de prestar mucha atención, Ezzy casi pudo distinguir algunos de los mensajes que enviaban los monstruos.

Cuando los monstruos eran abrumadores, Ezzy recibió el apoyo de familiares, amigos, otros adultos seguros e incluso algunos ayudantes imaginarios.

Ezzy finalmente estaba empezando a mejorar en el manejo de los monstruos. Pero con todas esas nuevas habilidades, ¿podría Ezzy acercarse lo suficiente como para descubrir lo que realmente querían?

En poco tiempo, los monstruos volvieron a acechar. Ezzy decidió dejarlos acercarse tanto como necesitaran, recordando que estaba bien si traían pensamientos o recuerdos difíciles.

Cuando llegaron los monstruos, Ezzy les dio la bienvenida para que visitaran. Pronto ellos empezaron a cambiar. En lugar de bestias feas y amenazadoras, eran pequeñas criaturas suaves que pedían atención. Ezzy se asombró de lo aterradores que le habían parecido los monstruos antes y de lo pequeños e inofensivos que eran ahora.

Ezzy estaba acostumbrado a encerrar los sentimientos incómodos hasta que entraban por la fuerza. Pero ahora, Ezzy comenzaba a darse cuenta de que con tiempo y atención, los sentimientos avanzaban por sí mismos.

Cada día, Ezzy se aseguraba de invitar a los sentimientos para escucharlos y cuidarlos. Ezzy jugaba, dibujaba, escribía y hablaba con familiares y amigos. A veces, los sentimientos todavía parecían monstruos y era difícil aceptarlos, pero con práctica y paciencia, Ezzy aprendió a dejarlos visitar un poco más cada vez.

Todo este tiempo, Ezzy había pensado que los monstruos querían hacerle daño, cuando en realidad solo estaban tratando de ayudarlo. Ira animó a Ezzy a hablar y ser valiente, mientras que Preocupación le recordó a Ezzy que tuviera cuidado.

Miedo permitió que Ezzy actuara rápido y se mantuviera a salvo cuando fuera necesario, y Tristeza ayudó a Ezzy a reconocer lo que era realmente importante. Al prestar mucha atención a cada sentimiento, Ezzy comenzó a comprender lo que estaban tratando de decir.

Ahora, cuando llegaban los monstruos, Ezzy se sentaba con cada uno, imaginando los pensamientos y sentimientos que traían flotando suavemente, como una ola que sube y baja y luego pasa de largo.

Ezzy finalmente estaba prestándole atención a los monstruos y estaba listo para aceptarlos, sin importar qué.

Triste

Solo

Decepcionado

Herido

Protegido

Deprimido

Agradecido

Entumecido

Aflijido

Tonto

Calmado

Miserable

Indefenso

Confundido

Vulnerable

Amado

¿Cómo te sientes?

Excitado

Feliz

Abrumado

Alegre

Orgulloso

Esperanzado

Pacifico

Ansioso

Conmocionado

Inseguro

Nervioso

Relajado

Estresado

Amenazado

Seguro

Furioso

Enfadado

Panico

Preocupación

Celoso

Irritado

Avergonzado

Enfurecido

Miedo

Asgueado

Frustrado

Aterrorizado

Ellen
Lauren
Softy

LAUREN STOCKLY, LCSW, RPT-S, ECMHS, PPSC es una terapeuta de salud mental para niños y adolescentes que se especializa en el uso de la terapia de juego para tratar el trauma y apoyar el crecimiento emocional de los niños y las familias. Además de su práctica, Lauren sirve a la comunidad de Terapia de Juego como miembro de la junta directiva de la Asociación de California para la Terapia de Juego y comparte intervenciones y recursos a través de su popular blog, CreativePlayTherapist.com. También es la fundadora de Bumble BLS, una empresa dedicada a promover herramientas de estimulación bilateral para la terapia EMDR y la regulación emocional en el hogar.

ELLEN SURREY es una ilustradora y diseñadora que no teme usar el color en sus ilustraciones caprichosas. Inspirada en gran medida por el diseño de mediados de siglo y los libros para niños de los años 50 y 60, Ellen disfruta encontrando la belleza en el pasado y presentándola a una audiencia contemporánea. Su trabajo ha aparecido en publicaciones como The New York Times, The New Yorker y The Wall Street Journal. Vea más de su trabajo en ellensurrey.com.

Lauren y Ellen son amigas de la infancia que comenzaron a escribir e ilustrar como un equipo en el jardín de infantes. Desde entonces, han refinado sus talentos (y guardarropas) y no podrían estar más contentas de compartir esta colaboración arraigada en la amistad de toda la vida.

Para comprar "Mindful Monsters Therapeutic Workbook," un libro de trabajo complementario lleno de actividades de atención plena, intervenciones terapéuticas, y página para colorear, visite *BumbleBLS.com/monstruos*

Revisa *CreativePlayTherapist.com/EzzyEspanol* para obtener unas actividades terapéuticas gratis que puedes imprimir.

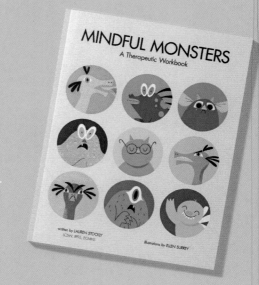